AF188632

Gregor Brand: Bibliografie 1983–2017

Gregor Brand

Bibliografie der Veröffentlichungen
1983–2017

Bibliografische Information der Deutschen Nationalbibliothek
Die Deutsche Nationalbibliothek verzeichnet diese Publikation
in der Deutschen Nationalbiografie; detaillierte bibliografische Daten sind
im Internet über http//dnb.dnb.de abrufbar.

© 2018 Gregor Brand
Herstellung und Verlag:
BoD-Books on Demand, Norderstedt
ISBN: 978-3-7460-4987-8

I.
Selbständig erschienene Werke

1. *Ausschaltversuche. Gedichte.* 1985.

2. *Der schwarze Drachen stürzt ins Meer. Gedichte.* 1987.

3. *Spätes Zweites Jahrtausend. Gedichte.* 1998.

4. *Gesammelte Gedichte I. Gedichte.* 2000.

5. *Sefer Pralnik. Kleine Gedichte.* 2001.

6. *Meschalim. Zweitausend Aphorismen.* 2007.

7. *Kinder der Eifel aus anderer Zeit. Eifler Persönlichkeiten, die Geschichte machten (Hrsg.: Prof. Dr. Dr. h.c. mult. Hermann Simon).* 2013.

II.
Aufsätze/Abhandlungen/Lexikonartikel/Rezensionen/ Zeitungsbeiträge

8. *Zur Frühgeschichte Bettenfelds.*
Kreisjahrbuch Bernkastel-Wittlich 1983, S. 92–98.

9. *Die Entscheidung des amerikanischen Supreme Court zum Haftungs-limit des Warschauer Abkommens.*
Praxis des Internationalen Privat- und Verfahrensrechts 1986, S. 2–10.

10. *Verfassungswidrigkeit der Haftungsbegrenzung im internationalen Luft-transport.*
Praxis des Internationalen Privat- und Verfahrensrechts 1987, S. 193–197.

11. *Rezension zu: E. Giemulla/U. Lau/W. Mölls/R. Schmid: Warschauer Abkommen. Internationales Lufttransportrecht. 1986.*
Neue Juristische Wochenschrift 1987, S. 2140.

12. *Rezension zu: C. Calavros: Das UNCITRAL-Modellgesetz über die internationale Handelsschiedsgerichtsbarkeit. 1988.*
Neue Juristische Wochenschrift 1988, S. 3079.

13. *Rezension zu: Karl-Heinz Böckstiegel (Hrsg.): Handelsschiedsgerichts-barkeit in England und in der Bundesrepublik Deutschland.*
Neue Juristische Wochenschrift 1988, S. 3079.

14. *Der „Krautgarten"- Forum für junge Literatur.*
Staatliches Regino-Gymnasium Prüm (Hrsg.): Jahreschronik 1988/89, S. 241.

15. *Rezension zu: Alexander Tobolewski: Monetary Limitations of Liability in Air Law. Legal, Economic and Socio-Political Aspects. 1986.*

Rabels Zeitschrift für ausländisches und internationales Privatrecht 1988, S. 397–402.

16. *Preußische Ordnung für rheinischen Boden: Einführung des Grundbuchs und erste Flurbereinigung in der Eifel.*
Eifeljahrbuch 1989, S. 77–83.

17. *Simmentaler und Säubrenner: Wittlicher Bauern als Pioniere rhein-preußischer Rinderzucht.*
Kreisjahrbuch Bernkastel-Wittlich 1989, S. 171–180.

18. *Eifeler Totenzettel im 20. Jahrhundert.*
Eifeljahrbuch 1990, S. 170–176.

19. *Die „Eifelsachsen". Zur Herkunft der Südwesteifler.*
Kreisjahrbuch Bernkastel-Wittlich 1990, S. 313–320.

20. *Aus der Geschichte der Bettenfelder.*
Festschrift zum Musik- und Heimatfest der Feuerwehrkapelle Bettenfeld aus Anlaß ihres 65-jährigen Bestehens. Bettenfeld 1990, S. 13–19.

21. *Bauern als Wahrer des Rechts. Juristische Tätigkeiten auf dem Land vor der Französischen Revolution.*
Kreisjahrbuch Bernkastel-Wittlich 1991, S. 297–302.

22. *Eifeler Auswanderung nach Südosteuropa im 18. Jahrhundert.*
Heimatjahrbuch Kreis Daun 1991, S. 176–178.

23. *Alte Familien- und Hausnamen sowie Handzeichen von Bettenfeld. Anmerkungen zur Bevölkerungsgeschichte eines Eifeler Bauerndorfes.*
Kreisjahrbuch Bernkastel-Wittlich, 1992, S. 90–99.

24. *Bauern und Priester auf rauher Erde: Carl Schmitt und seine Vorfahren aus dem Prümer Land.*
Der Prümer Landbote 1993, Nr. 36, S. 30–37.

25. *Der Eifeler Politiker, Publizist und Agrarreformer Heinrich Thielen (1832–1898).*
Kreisjahrbuch Bernkastel-Wittlich 1993, S. 329–337.

26. *Rezension zu: Werner F. Ebke/Joseph J. Norton (Eds.) : Festschrift in Honor of Sir Joseph Gold. 1990.*
Zeitschrift für vergleichende Rechtswissenschaft 92 (1993), S. 237–239.

27. *„Mein Wesen ist ... wie die Mosel: Carl Schmitt (1888-1985).*
Kreis Bernkastel-Wittlich, Jahrbuch 1994, S. 353–362.

28. *Feuerwehrkapelle Bettenfeld.*
Kreismusikverband Bernkastel-Wittlich (Herausgeber): Musik. Blaskapellen, Mandolinenorchester, Spielmanns- und Fanfarenzüge im Kreis Bernkastel-Wittlich. 1994, S. 217–222.

29. *Die väterliche Heimat des Carl Schmitt. Bausendorfs Beitrag zur deutschen Geschichte im 20. Jahrhundert.*
Das Alftal in Geschichte und Gegenwart. Chronik der Alftalgemeinden 1994/95, S. 77–84.

30. *Hochbegabung und Spitzenpositionen.*
Labyrinth 1995, Nr. 45, S. 14.

31. *Rezension zu Toni Meissner: Wunderkinder. Schicksal und Chance Hochbegabter. 1993.*
Labyrinth 1995, Nr. 45, S. 25.

32. *Ein vergessener Pionier der Hochbegabungsforschung: Wilhelm Ostwald.*
Labyrinth 1995, Nr. 46, S. 31–34.

33. *Neuere Studien zu den ältesten Kirchenbüchern von Bettenfeld und Meerfeld.*
Kreisjahrbuch Bernkastel-Wittlich 1996, S. 154–159.

34. *Non ignobili stirpe procreatum: Carl Schmitt und seine Herkunft.*
Tommissen, Piet (Hrsg.): Schmittiana V, 1996, S. 225–298.

35. *Gymnasium mit achtjährigem Bildungsgang für Begabte. Ein persönlicher Bericht von einem Schulversuch der Jahre 1969–1975.*
Labyrinth 1997, Nr. 51, S. 19–22.

36. *Schlafen hochbegabte Kinder länger als durchschnittlich begabte? Zum Schlaf-bedürfnis hochbegabter Kinder und zur Hochbegabtenidentifikation allgemein.*
Labyrinth 1997, Nr. 52, S. 12–14.

37. *Rezension zu: Juristische Fakultät der Universität Trier (Herausgeber): Festgabe für Otto Theisen. 1996.*
Zeitschrift für Rechtspolitik (ZRP), 30. Jg., August 1997, S. 341–342.

38. *Besonders begabte Schülerinnen und Schüler – eine Einführung in die Problematik.*
Ministerium für Bildung, Wissenschaft, Forschung und Kultur des Landes Schleswig-Holstein (Hrsg.): Kinder mit besonderen Begabungen, 1998, S. 6–8.

39. *Hochbegabung – ein historischer Überblick.*
Ministerium für Bildung, Wissenschaft, Forschung und Kultur des Landes Schleswig-Holstein (Hrsg.): Kinder mit besonderen Begabungen, 1998, S. 7f.

40. *Die deutsche Gesellschaft für das hochbegabte Kind (DGhK).* Ministerium für Bildung, Wissenschaft, Forschung und Kultur des Landes Schleswig-Holstein (Hrsg.): Kinder mit besonderen Begabungen, 1998, S. 46.

41. *Samuel Hirsch: Der hochbegabte Nachfahre eines Hunsrücker Viehhändlers.*
Kreis Bernkastel-Wittlich, Jahrbuch 1998, S. 365–367.

42. *Die hochbegabten Nachfahren eines Hunsrücker Viehhändlers: Emil G. Hirsch und Edward H. Levi.*
Kreisjahrbuch Bernkastel-Wittlich 1999, S. 369–372.

43. *Zum 400. Todestag von Peter Binsfeld: Geistiger Führer der Hexen-verfolgung im Trierer Land.*
Kreisjahrbuch Bernkastel-Wittlich 1999, S. 379–383.

44. *Rezension zu: Ulrich Nonn/Heinz Vogelsang (Hrsg.): Landesgeschichte-Fachdidaktik-Lehrerbildung. Festgabe für Erwin Schaaf zur Voll-endung seines 65. Lebensjahres.*
Kreisjahrbuch Bernkastel-Wittlich 1999, S. 388.

45. *Albert Einstein – ein exzellenter Schüler.*
Labyrinth 1999, Nr. 60, S. 23–25.

46. *Friederike und Leonie. Über den Werdegang zweier sehr intelligenter Mädchen.*
Labyrinth 1999, Nr. 61, S. 49–54.

47. *Der Aufstieg eines Begabten. Lebensstationen des Lehrers Kaspar Hebler.*
Kreisjahrbuch Bernkastel-Wittlich 2000, S. 358–366.

48. *Anmerkungen zu Lewis Madison. Termans Aufsatz über die Erziehung hochbegabter Kinder.*
Labyrinth 1999, Nr. 62, S. 15.

49. *Rückblick eines beliebten Außenseiters.*
Der Prümer Landbote Nr. 65 (2/00), S. 20–21.

50. *Maharal descendants in the Saar-Moselle-region: The Alkan of Dillingen and the Godchaux of Luxemburg.*
GenAmi (Paris), No. 13, Sept. 2000, S. 5–9.

51. *Nikolaus Blum. Priester und Ordensmann.*
Heinz Monz (Herausgeber): Trierer Biographisches Lexikon (TBL), 2000, S. 34–35.

52. *Johann Friedrich Engel. Maler.*
H. Monz (Hg.): TBL 2000, S. 102.

53. *Wolfgang Jungandreas. Sprachwissenschaftler und Historiker.*
H. Monz (Hg.): TBL, 2000, S. 205.

54. *Josef Meyer. Priester, Dichter und Publizist.*
H. Monz (Hg.): TBL, 2000, S. 296–297.

55. *Dominik Konstantin München. Theologe und Philosoph.*
H. Monz (Hg.): TBL, 2000, S. 318.

56. *Philipp Karl München. Jurist.*
   H. Monz (Hg.): TBL, 2000, S. 319.

57. *Johann Hubert Schmitz. Priester.*
   H. Monz (Hg.): TBL 2000, S. 411.

58. *Heinrich Thielen. Politiker, Publizist und Agrarpionier.*
   H. Monz (Hg.): TBL 2000, S. 463.

59. *Das Märchen vom einsamen hochbegabten Wanderer: Kritische Anmerkungen zu einem Beitrag über erwachsene Hochbegabte.*
   Labyrinth 2000, Nr. 66, S. 18–20.

60. *Nikolaus von Kues – „einer der wahrhaft Großen im Geist". Über die Begegnung des Naturphilosophen Johannes Reinke mit der Welt des Cusanus.*
   Kreisjahrbuch Bernkastel-Wittlich 2001, S. 147–151.

61. *Besprechung von: Oxana L. Kovaltchouk: Hochbegabte Jugendliche und ihre Peer-Beziehungen. 1998.*
   Labyrinth 2001, Nr. 67, S. 36–38.

62. *Hochbegabte und hochleistende Jugendliche – Anmerkungen zum Marburger Hochbegabtenprojekt.*
   Labyrinth 2001, Nr. 69, S. 10–15.

63. *Höchstbegabte Naturwissenschaftler – Herkunft und Persönlichkeit. Anmerkungen zu dem Opus ultimum von Abraham Pais „The Genius of Science".*
   Labyrinth 2001, Nr. 70, S. 8–13.

64. *Kulturförderung im Landkreis Bernkastel-Wittlich.*
   Kreisjahrbuch Bernkastel-Wittlich 2002, S. 18–19.

65. *Der Hof Rodenbüsch und seine Hofleute.*
   Kreisjahrbuch Bernkastel-Wittlich 2002, S. 296–304.

66. *Joseph Stadthagen (ca. 1645–1715). Rabbiner und Autor.*
   Traugott Bautz (Herausgeber): Biographisch-Bibliographisches Kirchenlexikon (BBKL), Band XX (2002), Spalten 1351–1352.

67. *Nikolaus Blum (1857–1919). Priester und Ordensmann.*
BBKL XX (2002), Sp. 216–217.

68. *Peter Engel (1856–1921). Priester.*
BBKL XX (2002), Sp. 462–463.

69. *Josef Meyer (1857–1927). Missionar, Dichter und Publizist.*
BBKL XX (2002), Sp. 1032–1033.

70. *Gehirngröße und Intelligenz.*
Labyrinth 71 (Febr. 2002), 25. Jg., S. 10–14.

71. *Rezension zu: A. J. Wittmann/ H. Holling: Hochbegabtenberatung in der Praxis. 2001.*
Labyrinth 25 (2002), Ausgabe 71, S. 36f.

72. *Mathias Zens (1839–1921). Bildhauer.*
BBKL XX (2002), Sp. 1597–1599.

73. *Robert Bootz (1650–1730). Zisterzienserabt.*
BBKL XX (2002), Sp. 235–237.

74. *Dosio Koffler (1892–1955). Schriftsteller.*
BBKL XXI (2003), Sp. 755–758.

75. *„The most original minded man“: Francis Galton (1822–1911).*
Labyrinth 26 (2003), Ausgabe 76, S. 5–13.

76. *Moselländische Ortsnamen als jüdische Familiennamen.*
Kreisjahrbuch Bernkastel-Wittlich 2004, S. 292–298.

77. *Rudolf Haubst (1913–1992). Katholischer Theologe.*
BBKL XXII (2003), Sp. 506–513.

78. *Balthasar Fischer (1912–2001). Katholischer Theologe.*
BBKL XXII (2003), Sp. 324–338.

79. *Gustav Dethlef Hinrichs (1836–1923). Naturforscher und Wissenschafts-pionier.*
BBKL XXII (2003), Sp. 531–541.

80. *Die Intelligenz der Gesellschaft. Anmerkungen zu dem Buch von Volkmar Weiss: „Die IQ-Falle. Intelligenz, Sozialstruktur und Politik".*
Labyrinth 25 (2002), Ausgabe 74, S. 18–22.

81. *Etienne Gilson (1884–1978). Philosoph.*
BBKL XXII (2003), Sp. 418–436.

82. *Gustav Frenssen (1863–1945). Pastor und Schriftsteller.*
BBKL XXII(2003), Sp. 350–375.

83. *Rezension zu: Inez Freund-Braier: Hochbegabung, Hochleistung, Persönlichkeit. Münster 2001.*
Labyrinth 26 (2003), Ausgabe 77, S. 26–28.

84. *Rezension zu: Susanne R. Schilling: Hochbegabte Jugendliche und ihre Peers. Münster 2002.*
Labyrinth 26 (2003), Ausgabe 77, S. 28–30.

85. *Masters of Language: The Darmesteter brothers and their rabbinical Brandeis ancestry.*
GenAmi (Paris), No. 36 (Juin 2006), S. 2–6.

86. *Rezension zu: Corinna Schütz: Leistungsbezogenes Denken hochbegabter Jugendlicher. „Die Schule mach' ich doch mit links!" Münster 2004.*
Labyrinth 30 (2007), Ausgabe 91, S. 43.

87. *Rezension zu: Jörn R. Sparfeldt: Berufsinteressen hochbegabter Jugendlicher. Münster 2006.*
Labyrinth 30 (2007), Ausgabe 91, S. 42.

88. *Rabbi Juda Loew ben Bezalel (1512–1609) – Philosoph, Talmudist, Kabbalist.*
BBKL XXIX (2008).

89. *Grünes Bauernland von vulkanischer Stille.*
Ulrike Siegel (Hg.): „Kein Rindvieh – bloß kein Rindvieh". Persönlichkeiten unserer Zeit erinnern sich an ihre ländlichen Wurzeln. Münster 2007, S. 77–88.

90. *Thomas Mussweiler aus Wittlich: Verhaltensforscher und „Kopf von morgen".*
Eifelzeitung vom 5. 3. 2008.

91. *Brigitte Bastgen aus Wittlich: Spitzenjournalistin der ersten Reihe.*
Eifelzeitung vom 7. 5. 2008.

92. *Bernhard Müller aus Daun: Strömungsforscher im hohen Norden.*
Eifelzeitung vom 14. 5. 2008.

93. *Thomas Stearns Eliot (1888–1865). Schriftsteller, Literatur- und Kultur-kritiker.*
BBKL XXX (2009).

94. *Klaus Toppmöller aus Rivenich: Toptorjäger und Toptrainer.*
Eifelzeitung vom 4. 6. 2008.

95. *Karl Wand aus Gerolstein. Soldat, Diplomat und Schriftsteller.*
Eifelzeitung vom 11. 6. 2008.

96. *Gerhard Schiffels aus Wittlich. Professor für Mathematik.*
Eifelzeitung vom 18. 6. 2008.

97. *Jürgen Klauke aus Kliding. Künstler, Fotograf, Professor.*
Eifelzeitung vom 2. 7. 2008.

98. *Hans Friderichs aus Wittlich. Bundesminister, Top-Banker, Waldschützer.*
Eifelzeitung vom 9. 7. 2008.

99. *Herbert Klaeren aus Gerolstein. Professor für Informatik.*
Eifelzeitung vom 16. 7. 2008.

100. *Edeltrud Bayer aus Hasborn. Managerin unserer Mobilität.* Eifelzeitung vom 30. 7. 2008.

101. *Albert Caspers aus Lissendorf. Deutschlands Mister Ford.* Eifelzeitung vom 6. 8. 2008.

102. *Franz Josef Moehn aus Wittlich. Chefkoch der Genies.*
Eifelzeitung vom 3. 9. 2008.

103. *Julian Klein aus Wittlich. Komponist des 21. Jahrhunderts.* Eifelzeitung vom 10. 9. KW 2008.

104. *Christoph Bangert aus Daun. Fotojournalist von Weltruf.* Eifelzeitung vom 15. 10. 2008.

105. *Karl Fleschen aus Mehren. Meister der Langstrecke.* Eifelzeitung vom 22. 10. 2008.

106. *Barbara Veit aus Monzel. Juraprofessorin in Göttingen.* Eifelzeitung vom 12. 11. 2008.

107. *Hochdeutsch reden ... moselfränkisch träumen.* Kreisjahrbuch Bernkastel-Wittlich 2009, S. 112–118.

108. *Pascal Hens aus Kirchweiler. Handballweltmeister.* Eifelzeitung vom 27. 11. 2008.

109. *Anne Kaftan aus Musweiler. Musikerin und Ärztin.* Eifelzeitung vom 10. 12. 2008.

110. *Dirk Kaftan aus Musweiler. Dirigent und Generalmusikdirektor.* Eifelzeitung vom 28. 1. 2009.

111. *Hermann Simon aus Hasborn. Professor, Unternehmer, Managementdenker.* Eifelzeitung vom 4. 3. 2009.

112. *Dr. Jürgen Brauer aus Daun. Leitender Oberstaatsanwalt.* Eifelzeitung vom 24. 2. 2010.

113. *Nikolaus Bares. Bischof der Reichshauptstadt Berlin.* Eifelzeitung vom 5. 5. 2010.

114. *Johannes Sleidanus. Geschichtsschreiber und Diplomat aus Schleiden.* Eifelzeitung vom 12. 5. 2010.

115. *Johannes Sturm aus Schleiden. Der Pädagoge der Reformation.* Eifelzeitung vom 19. 5. 2010.

116. *Alois Mertes aus Gerolstein. Politiker und Diplomat.* Eifelzeitung vom 26. 5. 2010.

117. *Johann Hugo Wyttenbach aus Bausendorf. Freund Goethes und Lehrer von Karl Marx.*
Eifelzeitung vom 2.6. 2010.

118. *Zilda Arns Neumann aus Brasilien. Kinderärztin und Sozialpionierin.*
Eifelzeitung vom 9. 6. 2010.

119. *Jacques Loeb aus Mayen. Biologe und Vordenker der Biotechnik.*
Eifelzeitung vom 16. 6. 2010.

120. *Heinrich Thielen aus Dierfeld. Ein Leben für die Eifel.*
Eifelzeitung vom 23. 6. 2010.

121. *Leo Loeb aus Mayen. Biologe und Krebsforscher.*
Eifelzeitung vom 30. 6. 2010.

122. *Matthias Zender aus Niederweis. Großmeister der Volkskunde.*
Eifelzeitung vom 07. 7. 2010.

123. *Johann Anton Zinnen aus Neuerburg. Nationalkomponist Luxemburgs.*
Eifelzeitung vom 14. 7. 2010.

124. *Peter Binsfeld aus Binsfeld. Theologe, Bischof und Hexenjäger.*
Eifelzeitung vom 21.07.2010.

125. *Theodore Dreiser. Schriftstellertitan mit Eifeler Wurzeln.*
Eifelzeitung vom 28. 7. 2010.

126. *Ludwig Kaas aus Trier. Politiker, Professor, Papstberater.*
Eifelzeitung vom 4. 8. 2010.

127. *Edmund Conen. Fußballerlegende aus Ürzig.*
Eifelzeitung vom 11. 8. 2010.

128. *Theodor Lieser aus Ferschweiler. Chemiker und Oberbürgermeister.*
Eifelzeitung vom 25. 8. 2010.

129. *August Horch. Legendärer Autopionier aus Winningen.*
Eifelzeitung vom 1. 9. 2010.

130. *Beate Berger. Pädagogin und Zionistin aus Niederbreisig.*
Eifelzeitung vom 8. 9. 2010.

131. *Wilhelm Arnoldi aus Badem. Bischof von Trier.*
Eifelzeitung vom 15. 9. 2010.

132. *John J. Raskob. Erbauer des Empire State Buildings, Finanzgenie und Politiker mit Wurzeln in Großlittgen.*
Eifelzeitung vom 22. 9. 2010.

133. *Helmut Roeder aus Niederöfflingen. Handelsmanager.*
Eifelzeitung vom 29. 9. 2010.

134. *Marc A. Mitscher. US-Admiral und Kriegsheld, Enkel eines Schreiners aus Traben.*
Eifelzeitung vom 6. 10. 2010.

135. *Josef Feiten aus Hetzerath. Lehrer und Schriftsteller.*
Eifelzeitung vom 13. 10. 2010.

136. *Maria Reese aus Michelbach. Politikerin, Publizistin, Lehrerin.*
Eifelzeitung vom 20. 10. 2010.

137. *Elwin Bruno Christoffel. Mathematiker aus Monschau.*
Eifelzeitung vom 27. 10. 2010.

138. *Gustave Eiffel. Erbauer des Eiffelturms und genialer Ingenieur. Nachfahre eines Lehrers aus Marmagen.*
Eifelzeitung vom 3. 11. 2010.

139. *Peter Engel. Amerikanischer Abt und Sohn eines Auswanderers aus Bausendorf.*
Eifelzeitung vom 24. 11. 2010.

140. *Paul Dresser. US-Musiker und Songwriter. Sohn eines Auswanderers aus Mayen.*
Eifelzeitung vom 8. 12. 2010.

141. *Karl Christoffel. Lehrer, Schriftsteller und Politiker aus Ürzig.*
Eifelzeitung vom 5. 1. 2011.

142. *Max René Hesse. Schriftsteller und Arzt aus Wittlich.*
Eifelzeitung vom 12. 1. 2011.

195. *Marguerite Mongenast-Servais. Frauenrechtlerin, Sozialaktivistin und Publizistin aus Weilerbach.*
Eifelzeitung vom 3. 7. 2013.

196. *Christian Dieden. Weingutsbesitzer und Politiker aus Ürzig.*
Eifelzeitung vom 10. 7. 2013.

197. *Franz Ludwig Reichsgraf von Kesselstatt. Domkapitular, Kunstsammler und Maler aus Föhrener Adelsgeschlecht.*
Eifelzeitung vom 17. 7. 2013.

198. *Alexander Ritter von Schoeller. Großindustrieller und Großkaufmann aus Düren.*
Eifelzeitung vom 24. 7. 2013.

199. *Heinz Flohe aus Euskirchen. Fußballweltmeister.*
Eifelzeitung vom 7. 8. 2013.

200. *Tenxwind von Andernach. Klosterreformerin aus Springiersbach.*
Eifelzeitung vom 14. 8. 2013.

201. *Paul Servais. Industrieller aus Weilerbach.*
Eifelzeitung vom 21. 8. 2013.

202. *Paul von Rusdorf. Hochmeister des Deutschen Ordens aus Roisdorf.*
Eifelzeitung vom 28. 8 2013.

203. *Peter Quirin Wallenborn. Landwirt und Reichstagsabgeordneter aus Bitburg.*
Eifelzeitung vom 4. 9. 2013.

204. *Joseph Kentenich. Gründer der internationalen Schönstatt-Bewegung aus Gymnich.*
Eifelzeitung vom 11. 9. 2013.

205. *Jacob Meckel. Reformer der japanischen Armee und Militärtheoretiker aus Blankenheimer Familie.*
Eifelzeitung vom 18. 9. 2013.

206. *Anna Maria van Schurmann. Universalgelehrte, Künstlerin und Mystikerin aus Dreiborner Adelsfamilie.*
Eifelzeitung vom 25. 9. 2013.

207. *Johann Michael Josef von Pidoll. Bischof aus Quinter Familie.*
Eifelzeitung vom 2. 10. 2013.

208. *Peter Kaufmann. Staatswissenschaftler und Eifelvereinsgründer aus Virneburg.*
Eifelzeitung vom 9. 10. 2013.

209. *Ernst Bresslau. Zoologe aus Schweicher Familie.*
Eifelzeitung vom 16. 10. 2013.

210. *Jean-Georges Willmar. Luxemburgischer Generalgouverneur aus Prüm.*
Eifelzeitung vom 23. 10. 2013.

211. *Franz Karl von Veyder-Malberg. Österreichischer Generalmajor aus Malberg.*
Eifelzeitung vom 30. 10. 2013.

212. *Dominik Konstantin München. Pfarrer, Pädagoge und Philosophieprofessor aus Dudeldorf.*
Eifelzeitung vom 6. 11. 2013.

213. *Jacob Omphalius. Jurist, Politiker und Humanist aus Andernach.*
Eifelzeitung vom 13. 11. 2013.

214. *Mathias Thesen. Politiker und Widerstandskämpfer aus Ehrang.*
Eifelzeitung vom 20. 11. 2013.

215. *Johannes Hofmann. Rechtsgelehrter und Politiker aus Lieser.*
Eifelzeitung vom 27. 11. 2013.

216. *Konrad Adenauer. Staatsmann mit Eifler Wurzeln in Flerzheim.*
Eifelzeitung vom 4. 12. 2013.

217. *Cyrillus Jarre. Erzbischof und Märtyrer in China aus Ahrweiler.*
Eifelzeitung vom 11. 12. 2013.

218. *Hugo Zöller. Journalist und Forschungsreisender aus Schleiden.*
Eifelzeitung vom 18. 12. 2013.

219. *Hubert Knackfuß. Bauforscher und Archäologe aus Dahlem.*
Eifelzeitung vom 28. 12. 2013.

220. *Carl Wilhelm Scheibler. Chemiker aus Monschauer Familie.*
Eifelzeitung vom 8. 1. 2014.

221. *Johann Wagner. Großuhrmacher aus Pfalzel.*
Eifelzeitung vom 22. 1. 2014.

222. *Heinrich II. von Finstingen. Erzbischof und Kurfürst aus Malberg.*
Eifelzeitung vom 5. 2. 2014.

223. *Robert Frederick Loeb. US-Mediziner von Weltruf Sohn eines Aus-wanderers aus Mayen.*
Eifelzeitung vom 19. 2. 2014.

224. *Wilhelm Klein. Jesuit, Theologe und Philosoph aus Traben-Trarbach.*
Eifelzeitung vom 26. 2. 2014.

225. *Josef Steinhausen. Lehrer, Geschichtsforscher und Archäologe aus Eus-kirchen.*
Eifelzeitung vom 5. 3. 2014.

226. *Konrad von Are-Hochstaden. Erzbischof von Köln aus Eifler Adel.*
Eifelzeitung vom 12. 3. 2014.

227. *Edmund Banaschewski. Verleger und Medienpolitiker aus Welschbillig.*
Eifelzeitung vom 19. 3. 2014.

228. *Pauline Fürstin von Metternich-Winneburg. Österreichische Philanthropin aus Eifler Adel.*
Eifelzeitung vom 26. 3. 2014.

229. *Georg Hamel. Mathematiker aus Düren.*
Eifelzeitung vom 2. 4. 2014.

230. *Ernst Loeb. Germanist aus Andernach.*
Eifelzeitung vom 9. 4. 2014.

231. *Nicola Baur. Politiker und Kaufmann aus Adenau.*
Eifelzeitung vom 16. 4. 2014.

232. *August Goebel. Amerikanischer Bierbrauer und Politiker aus Münstermai-feld.*
Eifelzeitung vom 23. 4. 2014.

233. *Gottlob Jacobi. Industriepionier und Eisenindustrieller aus Winningen.*
Eifelzeitung vom 30. 4. 2014.

234. *Heinrich Alken. Bildhauer, Maler und Lehrer aus Mayen.*
Eifelzeitung vom 7. 5. 2014.

235. *Adela von Pfalzel. Klostergründerin und Äbtissin.*
Eifelzeitung vom 14. 5. 2014.

236. *Julius Berger. Publizist und Zionist aus Niederbreisig.*
Eifelzeitung vom 21. 5. 2014.

237. *Mathias Rohr. Deutschamerikanischer Journalist und Schriftsteller aus Zemmer.*
Eifelzeitung vom 28. 5. 2014.

238. *Nikolaus Doeser. Kirchenrechtler aus Winringen.*
Eifelzeitung vom 4. 6. 2014.

239. *Maria Lipp. Chemikerin aus Stolberg.*
Eifelzeitung vom 11. 6. 2014.

240. *Maria Contzen. „Hexe“ aus Karl.*
Eifelzeitung vom 18. 6. 2014.

241. *Viktor Schily. Jurist und Revolutionär aus Prüm.*
Eifelzeitung vom 25. 6. 2014.

242. *Bernd Alois Zimmermann. Komponist aus Bliesheim.*
Eifelzeitung vom 2. 7. 2014.

243. *Johannes Frank. Steyler Missionar aus Niederscheidweiler.*
Eifelzeitung vom 9. 7. 2014.

244. *Heinrich Lehmann. Rechtswissenschaftler aus Prüm.*
Eifelzeitung vom 16. 7. 2014.

245. *Peter Wilhelm Joseph de Gynetti. Medizinprofessor und kurfürstlicher Leibarzt aus Münstereifel.*
Eifelzeitung vom 23. 7. 2014.

246. *Nikolaus Leyen SJ. Volksmissionar und Autor aus Kues.*
Eifelzeitung vom 6. 8. 2014.

247. *Barbara Kemp. Opernsängerin und Regisseurin aus Cochem.*
Eifelzeitung vom 13. 8. 2014.

248. *Rudolf Haubst. Cusanusforscher von Weltrang aus Maring.*
Eifelzeitung vom 20. 8. 2014.

249. *Frau Nußbaum aus Straßburg. Peter Scholl-Latour und seine unbekannte jüdische Mutter.*
Jüdische Allgemeine vom 21. 8. 2014.

250. *Hubert Salentin. Maler aus Zülpich.*
Eifelzeitung vom 27. 8. 2014.

251. *Jakob III. von Eltz. Erzbischof und Kurfürst von Trier.*
Eifelzeitung vom 3. 9. 2014.

252. *Mosche Wallach. Arzt in Jerusalem aus Euskirchener Familie.*
Eifelzeitung vom 10. 9. 2014.

253. *Johannes Meerfeld. Politiker und Journalist aus Euskirchen.*
Eifelzeitung vom 17. 9. 2014.

254. *Friedrich Honigmann. Bergbauunternehmer aus Düren.*
Eifelzeitung vom 24. 9. 2014.

255. *Daniel Hünten. Kurfürstlicher Hofmusiker aus Karden.*
Eifelzeitung vom 1. 10. 2014.

256. *Josef Maria Neumann. Priester und Abstinenzaktivist aus Dudeldorf.*
Eifelzeitung vom 8. 10. 2014.

257. *Reinhold und Julius Wirtz. Architekten und Dombaumeister aus Hellenthaler Familie.*
Eifelzeitung vom 15. 10. 2014.

258. *Armin Renker. Papierfabrikant, Privatgelehrter und Schriftsteller aus Düren.*
Eifelzeitung vom 29. 10. 2014.

259. *Hermann Graf von Neuenahr der Jüngere. Reformationspolitiker aus Eifler Adelsgeschlecht.*
Eifelzeitung vom 5. 11. 2014.

260. *Thomas Esser. Buchdrucker, Politiker und Schriftsteller aus Schwerfen.*
Eifelzeitung vom 12. 11. 2014.

261. *Johann Heinrich Offermann. Mährischer Tuchunternehmer aus Monschau.*
Eifelzeitung vom 19. 11. 2014.

262. *Lothar Friedrich von Metternich-Burscheid. Mainzer Kurfürst aus Eifler Adel.*
Eifelzeitung vom 26. 11. 2014.

263. *Anna Huberta Roggendorf. Ordensgründerin und Missionarin aus Mechernich.*
Eifelzeitung vom 3. 12. 2014.

264. *James Nicolaus Etteldorf. US-Mediziner, Enkel eines Auswanderers aus Schwarzenborn.*
Eifelzeitung vom 10. 12. 2014.

265. *Rudolf Caracciola. Rennsportlegende aus Remagen.*
Eifelzeitung vom 17. 12. 2014.

266. *Karl Theodor André. Anwalt, Politiker & Dichter aus Roth an der Our.*
Eifelzeitung vom 29. 12. 2014.

267. *Peter Victor Deuster. US-Politiker und Publizist aus Thum.*
Eifelzeitung vom. 7. 1. 2015.

268. *Pfalzgraf Heinrich II von Laach. Gründer der Abtei Maria Laach.*
Eifelzeitung vom 14. 1. 2015.

269. *Stefan Dohm. Lehrer und Paläontologe aus Duppach.*
Eifelzeitung vom 21. 1. 2015.

270. *Johann Friedrich von Auwach. Abt von Springiersbach aus Wittlich.*
Eifelzeitung vom 4. 2. 2015.

271. *Adolf Meyer. Architektur-Pionier aus Mechernich.*
Eifelzeitung vom 11. 2. 2015.

272. *Hugo am Zehnhoff. Jurist und Politiker aus Waldorf.*
Eifelzeitung vom 18. 2. 2015.

273. *Philipp II. von Daun. Kölner Kurfürst aus Eifler Adel.*
Eifelzeitung vom 25. 2. 2015.

274. *Matthias Glabus. Himmeroder Abt aus Lieser.*
Eifelzeitung vom 4. 3. 2015.

275. *Johann Franz Ermels. Maler und Kupferstecher aus Reil.*
Eifelzeitung vom 11. 3. 2015.

276. *Anna Kirchstein: Deutschamerikanische Journalistin und Dichterin aus Prüm.*
Eifelzeitung vom 18. 3. 2015.

277. *Johann Hubert Schmitz: Priester, Impfpionier und Volkserzieher aus Dackscheid.*
Eifelzeitung vom 25. 3. 2015.

278. *Georg Sigmund Graf Adelmann von Adelmannsfelden. Kunsthistoriker und Denkmalpfleger aus Bitburg.*
Eifelzeitung vom 1. 4. 2015.

279. *Hermann Jakob Doetsch. Oberbürgermeister von Bonn aus Kesselheim.*
Eifelzeitung vom 8. 4. 2015.

280. *Friedrich Breitbach. Kaufmann und Trierer Oberbürgermeister aus Nickenich.*
Eifelzeitung vom 15. 4. 2015.

281. *Christian Eduard Böttcher. Maler aus Imgenbroich.*
Eifelzeitung vom 22. 4. 2015.

282. *Franz Karl von Hompesch. Minister und Kanzler aus Oberelvenich.*
Eifelzeitung vom 29. 4. 2015.

296. *Matthias Joseph Scheeben. Theologe aus Meckenheim.*
Eifelzeitung vom 5. 8. 2015.

297. *Peter Breisiger. Orgelbaumeister aus Saffig.*
Eifelzeitung vom 12. 8. 2015.

298. *Isaak ben Meir Düren. Rabbiner und Talmudist aus Düren.*
Eifelzeitung vom 19. 8. 2015.

299. *Adolph Sutro. Bürgermeister von San Francisco und Sohn einer Auswanderin aus Düren.*
Eifelzeitung vom 2. 9. 2015.

300. *Maria Eulenbruch. Keramikerin und Bildhauerin aus Kelberg.*
Eifelzeitung vom 9. 9. 2015.

301. *Benedikt Reetz. Benediktinerabt aus Ripsdorf.*
Eifelzeitung vom 16. 9. 2015.

302. *Frederick Anton Schroeder. Bürgermeister von Brooklyn. Sohn einer Blankenheimerin.*
Eifelzeitung vom 23. 9. 2015.

303. *Josef Merten. Priester und Philosoph aus Wittlich.*
Eifelzeitung vom 30. 9. 2015.

304. *Max von Schillings. Komponist, Dirigent und Intendant aus Düren.*
Eifelzeitung vom 7. 10. 2015.

305. *Guido Ilges. Offizier im Wilden Westen aus Ahrweiler.*
Eifelzeitung vom 14. 10. 2015.

306. *Heinrich Hildebrand. Eisenbahnpionier und Baumeister aus Bitburg.*
Eifelzeitung vom 21. 10. 2015.

307. *Heinrich Leopold Schoeller. Unternehmer aus Schleiden.*
Eifelzeitung vom 28. 10. 2015.

308. *Nikolaus Scholer. Baumeister und Wasserbauinspektor aus Bitburg.*
Eifelzeitung vom 4. 11. 2015.

309. *Bernhard Joseph Hilgers. Theologe aus Dreiborn.*
Eifelzeitung vom 11. 11. 2015.

310. *Franz Arnold von Wolff-Metternich zur Gracht. Fürstbischof von Paderborn und Münster aus Liblar.*
Eifelzeitung vom 18. 11. 2015.

311. *Johann Philipp Eugen Reichsgraf von Merode. Kaiserlicher Feldmarschall aus Eifler Adel.*
Eifelzeitung vom 25. 11. 2015.

312. *Bianca Theisen. Germanistin und Literaturtheoretikerin aus Bad Neuenahr-Ahrweiler.*
Eifelzeitung vom 2. 12. 2015.

313. *Ludolf von Enschringen. Kurtrierischer Kanzler, Rechtsprofessor und Humanist aus Rittersdorf.*
Eifelzeitung vom 9. 12. 2015.

314. *August Thyssen. Unternehmerlegende aus Eschweiler.*
Eifelzeitung vom 16. 12. 2015.

315. *Ernst Pieper. Manager und Beamter aus Gerolstein.*
Eifelzeitung vom 22. 12. 2015.

316. *Bertrada die Jüngere. Mutter Karls des Großen aus Bitburg.*
Eifelzeitung vom 28. 12. 2015.

317. *Augusta Reichsgräfin von Manderscheid- Sternberg. Letzte regierende Gräfin aus dem Haus Manderscheid.*
Eifelzeitung vom 6. 1. 2016.

318. *Joseph Vogt. Bischof von Aachen aus Schmidt.*
Eifelzeitung vom 13. 1. 2016.

319. *Werner Theisen. Anwalt, Verleger und Mäzen aus Rittersdorf.*
Eifelzeitung vom 20. 1. 2016.

320. *Heinrich Scheibler. Seidenwaren-Manufakturist und Musikforscher aus Monschau.*
Eifelzeitung vom 27. 1. 2016.

321. *Wilhelm Rombach. Aachener Oberbürgermeister und Regierungspräsident aus Roetgen.*
Eifelzeitung vom 3. 2. 2016.

322. *Georg Kreuzberg. Kaufmann und Kurpionier aus Ahrweiler.*
Eifelzeitung vom 10. 2. 2016.

323. *Gerhard von Malberg. Hochmeister des Deutschen Ordens.*
Malberger Schloßbote, Heft 11 (2015), S. 32.

324. *Johann Peter Steffes. Religionswissenschaftler und Theologe aus Utscheid.*
Eifelzeitung vom 17. 2. 2016.

325. *Ambiorix. König der Eburonen.*
Eifelzeitung vom 24. 2. 2016.

326. *Eberhard Hoesch. Unternehmer aus Schneidhausen (Kreuzau).*
Eifelzeitung vom 2. 3. 2016.

327. *Heinrich III. von Virneburg. Erzbischof und Kurfürst von Mainz.*
Eifelzeitung vom 9. 3. 2016.

328. *August Tonnar. Heimatforscher, Dichter, Gastwirt und Brauer aus Eupen.*
Eifelzeitung vom 16. 3. 2016.

329. *Der Mann von Loschbour. Vorfahre vieler Eifler.*
Eifelzeitung vom 23. 3. 2016.

330. *Emmerich David. Generalvikar aus Gillenfeld.*
Eifelzeitung vom 30. 3. 2016.

331. *Marlis Allendorf. Sozialistische Journalistin aus Dudeldorf.*
Eifelzeitung vom 1. 6. 2016.

332. *Dieter Oehms. Musikproduzent aus Manderscheid.*
Eifelzeitung vom 8. 6. 2016.

333. *Matthias Josef Hayn. Gutsbesitzer und Großkaufmann aus Cochem.*
Eifelzeitung vom 15. 6. 2016.

334. *John G. Schmitz. US-Politiker und Professor Nachfahre eines Auswanderers aus Rommersheim.*
Eifelzeitung vom 22. 6. 2016.

335. *Johann Thys. Fabrikant und Wirtschaftspionier aus Eupen.*
Eifelzeitung vom 29. 6. 2016.

336. *Wilhelm von Bernkastel. Chronist im Kloster Eberhardsklausen.*
Eifelzeitung vom 6. 7. 2016.

337. *Anton Hecking. Arzt und Geschichtsschreiber aus Schönberg.*
Eifelzeitung vom 20. 7. 2016.

338. *Johann Hugo von Orsbeck. Trierer Kurfürst und Erzbischof aus Großvernich.*
Eifelzeitung vom 27. 7. 2016.

339. *Paul Magar. Maler aus Altenahr.*
Eifelzeitung vom 3. 8. 2016.

340. *Daniel Jacob Bon. Jüdischer Konvertit aus Wittlich.*
Eifelzeitung vom 10. 8. 2016.

341. *Charles Bukowski. US-Schriftsteller aus Andernach.*
Eifelzeitung vom 17. 8. 2016.

342. *Louis Wirth. Amerikanischer Soziologe. Sohn einer Jüdin aus Butzweiler.*
Eifelzeitung vom 24. 8. 2016.

343. *David Paul Hansemann. Pathologe und Krebsforscher aus Eupen.*
Eifelzeitung vom 31. 8. 2016.

344. *Johann von Paltz. Prediger, Professor und Augustinereremit aus Pfalzel.*
Eifelzeitung vom 7. 9. 2016.

345. *Werner Weidenfeld. Politikwissenschaftler und Politikberater aus Cochem.*
Eifelzeitung vom 14. 9. 2016.

346. *Paul Aler. Dichter, Philologe und Philosoph aus St. Vith.*
Eifelzeitung vom 21. 9. 2016.

347. *Franz Josef Graf von Sternberg-Manderscheid. Prager Sammler, Numismatiker und Mäzen aus Eifler Adel.*
Eifelzeitung vom 28. 9. 2016.

348. *Franz Schmitten. Tierzüchter aus Insul.*
Eifelzeitung vom 5. 10. 2016

349. *Volkmar Fritz. Archäologe und Bibelwissenschaftler aus Düren.*
Eifelzeitung vom 12. 10. 2016.

350. *Carl von Ehrenwall. Mediziner aus Ahrweiler.*
Eifelzeitung vom 19. 10. 2016.

351. *Reynette Bonenfant. Koblenzer Geldhändlerin aus Münstermaifeld.*
Eifelzeitung vom 26. 10. 2016.

352. *Leo Ries. Schulmann aus Remagen.*
Eifelzeitung vom 9. 11. 2016.

353. *Hermann Pünder. Jurist und Politiker aus Eifler Familie.*
Eifelzeitung vom 16. 11.2016.

354. *Goetz Briefs. Nationalökonom und Sozialtheoretiker aus Eschweiler.*
Eifelzeitung vom 23.11. 2016.

355. *Damian Ferdinand Haas. Reichskammergerichtsprokurator aus Wittlich.*
Eifelzeitung vom 30. 11. 2016.

356. *Gillis Hooftman. Großkaufmann und Reeder aus Eupen.*
Eifelzeitung vom 7.12.2016.

357. *Oscar Holderer. Raketeningenieur aus Prüm.*
Eifelzeitung vom 14.12. 2016.

358. *Ludwig Scheibler. Kunsthistoriker und Musikgelehrter aus Monschau.*
Eifelzeitung vom 21. 12. 2016.

359. *Leandro Konder. Marxistischer Philosoph aus Brasilien. Nachfahre eines Auswanderers aus Schweich.*
Eifelzeitung vom 4. 1. 2017.

360. *Marie Zimmermann. Dramaturgin und Intendantin aus Simmerath.*
Eifelzeitung vom 11. 1. 2017.

361. *Paul Gérardy. Schriftsteller und Publizist aus Maldingen.*
Eifelzeitung vom 18. 1. 2017.

362. *Georg Bollenbeck. Kulturtheoretiker und Literaturwissenschaftler aus Brühl.*
Eifelzeitung vom 25. 1. 2017.

363. *Maria Verbeek. Mathematikerin und Bäuerin aus Wittlich.*
Eifelzeitung vom 2. 2. 2017.

364. *Indutiomarus. Fürst der Treverer.*
Eifelzeitung vom 19. 4. 2017.

365. *Klara Marie Faßbinder. Pazifistin und Pädagogin. Tochter eines Lehrers aus Ehlenz.*
Eifelzeitung vom 26. 4. 2017.

366. *Peter Anton Juley. Fotograf aus Alf.*
Eifelzeitung vom 3. 5. 2017.

367. *Lauro Müller. Brasilianischer Staatsmann und Intellektueller. Sohn eines Einwanderers aus Greimersburg.*
Eifelzeitung vom 10. 5. 2017.

368. *Peter Freppert. Bauer und Dichter aus Geichlingen.*
Eifelzeitung vom 17. 5. 2017.

369. *Hubert Bastgen. Kirchenhistoriker und Sondergesandter aus Cochem.*
Eifelzeitung vom 24. 5. 2017.

370. *Charietto. Germanischer Krieger aus spätrömischer Zeit.*
Eifelzeitung vom 31. 5. 2017.

371. *Hubertus Theophil Simar. Bischof von Paderborn und Erzbischof von Köln aus Eupen.*
Eifelzeitung vom 7. 6. 2017

372. *Adalbert Podlech. Jurist und Philossoph aus Euskirchen.*
Eifelzeitung vom 14. 6. 2017.

373. *Willi Graf. Widerstandskämpfer aus Kuchenheim.*
Eifelzeitung vom 21. 6. 2017.

374. *Jean-Parfait Friederichs. Französischer General. Sohn eines Weinhändlers aus Eller.*
Eifelzeitung vom 28. 6. 2017.

375. *Innocent Wolf. Amerikanischer Benediktinerabt aus Schmidtheim.*
Eifelzeitung vom 5. 7. 2017.

376. *Hermann-Joseph Brünninghausen. Wundarzt, Chirurg und Geburtshelfer aus Nideggen.*
Eifelzeitung vom 12. 7. 2017.

377. *August Graf von Kageneck. Journalist und Autor aus Lieser.*
Eifelzeitung vom 26. 7. 2017.

378. *Sigbert Ganser. Neurologe und Psychiater aus Eifler Notarsfamilie.*
Eifelzeitung vom 2. 8. 2017.

379. *Ernst Isay. Jüdischer Jurist aus Schweicher Familie.*
Eifelzeitung vom 9. 8. 2017.

380. *Carl Schmitt. Staatsrechtler und politischer Philosoph aus Bausendorfer Familie.*
Eifelzeitung vom 16. 8. 2017.

381. *Helmut W. Ganser. General und Sicherheitsstratege aus Gerolstein.*
Eifelzeitung vom 23. 8. 2017.

382. *Leonard Benedict Loeb. US-Physiker aus Mayener Familie.*
Eifelzeitung vom 13. 9. 2017.

383. *Peter Dahr. Blutgruppenforscher aus Brühl.*
Eifelzeitung vom 20. 9. 2017.

384. *Wilhelm Semmelroth. Regisseur und Dramaturg aus Bitburg.*
Eifelzeitung vom 27. 9. 2017.

385. *Heinz Heinen. Althistoriker aus St. Vith.*
Eifelzeitung vom 11. 10. 2017.

386. *Andreas Heinz. Liturgiewissenschaftler aus Auw an der Kyll.*
Eifelzeitung vom 18. 10. 2017.

387. *Josef Ponten. Schriftsteller aus Raeren.*
Eifelzeitung vom 25. 10. 2017.

388. *Anton Schruff. Hüttenmann und Wirtschaftsführer aus Müllenborn.*
Eifelzeitung vom 8. 11. 2017.

389. *Heinz Henseler. Tierzuchtforscher aus Euskirchen.*
Eifelzeitung vom 15. 11. 2017.

390. *Yolanda von Vianden. Grafentochter und legendäre Luxemburger Persönlichkeit.*
Eifelzeitung vom 22. 11. 2017.

391. *Leopold Philipp Herzog von Arenberg. Kaiserlicher Feldmarschall aus Eifler
Adelsfamilie.*
Eifelzeitung vom 29. 11. 2017.

392. *William Henry Regnery I. US-Unternehmer und Philanthrop, Sohn eines
Auswanderers aus Ensch.*
Eifelzeitung vom 6. 12. 2017.

393. *Alfred Fettweis. Pionier der Nachrichtentechnik aus Eupen.*
Eifelzeitung vom 13. 12. 2017.

394. *Johann Georg Ferdinand Jacobi. Dresdner Bürgermeister aus Winningen.*
Eifelzeitung vom 20.12. 2017.

395. *Hubert Junker. Alttestamentler und Exegese-Vordenker aus Merlscheid.*
Eifelzeitung vom 27. 12. 2017.

III.
Gedichte (Einzelveröffentlichungen)

396. *Die Eifel.*
Krautgarten, 8. Jg.(1989), Nr. 14, S. 28.

397. *alkohol, ich opfere dir.*
Krautgarten, 8. Jg.(1989), Nr. 14, S. 35.

398. *Sechs Maschinen.*
Krautgarten, 8. Jg.(1989), Nr. 14, S. 36.

399. *Fragment.*
Krautgarten, 8. Jg., Nr. 15, S. 21.

400. *Jodie Foster zu gefallen.*
Krautgarten, 8. Jg., Nr. 15, S. 21.

401. *Ein Sommertag in Bettenfeld.*
Kreisjahrbuch Bernkastel-Wittlich 1989, S. 49.

402. *Homo sapiens sapiens.*
Krautgarten, 9. Jg. (1990),Nr. 17, S. 14.

403. *Heilig.*
Krautgarten, 9. Jg., Nr. 17, S. 14.

404. *Kirmes in Frankreich.*
Krautgarten, 9. Jg., Nr. 17, S. 14.

405. *An der Mosel.*
Kreisjahrbuch Bernkastel-Wittlich 1990, S. 21.

406. *La Fête du Cochon.*
Kreisjahrbuch Bernkastel-Wittlich 1991, S. 102–104.

407. *Autoradio.*
Kreisjahrbuch Bernkastel-Wittlich 1991, S. 156.

408. *Stadt nachts.*
Krautgarten, 10. Jg., Nr. 18, S. 18.

409. *In der Eifel.*
Kreisjahrbuch Bernkastel-Wittlich 1992, S. 180.

410. *Lesura.*
Kreisjahrbuch Bernkastel-Wittlich 1992, S. 89.

411. *Galaxis.*
VG Bernkastel-Kues (Hrsg.): Moselfränkische Mundart. Su
schwätzen mir. Trier 1992, S. 12–14.

412. *Gedicht an drei Deel.*
VG Bernkastel-Kues (Hrsg.): Moselfränkische Mundart. Su
schwätzen mir. 1992, S. 14–15.

413. *Rhythmus.*
VG Bernkastel-Kues (Hrsg.): Moselfränkische Mundart. Su
schwätzen mir. 1992, S. 16–17.

414. *Evolution.*
Josef Zierden: Die Eifel in der Literatur. Ein Lexikon der Autoren
und Werke. 1994, S. 43.

415. *Metro.*
Josef Zierden: Die Eifel in der Literatur. Ein Lexikon der Autoren
und Werke. 1994, S. 43.

416. *Am Meer (I).*
Zwölfte Etappe, 1996, S. 158.

417. *Am Meer (II).*
Zwölfte Etappe, 1996, S. 159.

418. *Inside Marilyn.*
Zwölfte Etappe, 1996, S. 160.

419. *Weisheit der Völker.*
Zwölfte Etappe, 1996, S. 161.

420. *East meets West.*
Zwölfte Etappe, 1996, S. 161.

421. *Einsamer.*
Zwölfte Etappe, 1996, S. 162.

422. *Bäume.*
Zwölfte Etappe, 1996, S. 162.

423. *Frühes Drittes Jahrtausend.*
Fünfzehnte Etappe, 2000, S. 155.

424. *Germane am Meer.*
Fünfzehnte Etappe, 2000, S. 156.

425. *Österreich denkend.*
Fünfzehnte Etappe, 2000, S. 157.

426. *Frühling auf dem Land.*
Fünfzehnte Etappe, 2000, S. 157.

427. *Keiner weint so schön.*
Fünfzehnte Etappe, 2000, S. 158.

428. *Jahreslauf.*
Fünfzehnte Etappe, 2000, S. 158.

429. *Deutsche Zeiten.*
Fünfzehnte Etappe, 2000, S. 159.

430. *Zivilisatorische Verbesserung.*
Fünfzehnte Etappe, 2000, S. 159.

431. *Konjunktiv der Freiheit.*
Fünfzehnte Etappe, S. 160.

432. *Der Rabe.*
Fünfzehnte Etappe, S. 160.

433. *Tiefe Wünsche.*
Fünfzehnte Etappe, S. 161.

434. *Kampfgefährte.*
Fünfzehnte Etappe, S. 161.

435. *Gesunde Frauen.*
Fünfzehnte Etappe, S. 162.

436. *Abbiegender.*
Fünfzehnte Etappe S. 163.

437. *Es war vernünftig.*
Fünfzehnte Etappe, S. 163.

438. *Seltsame Logik des Krieges.*
Kreisjahrbuch Bernkastel-Wittlich 2001, S. 331.

439. *Sauerampferkrankheit.*
Kreisjahrbuch Bernkastel-Wittlich 2001, S. 331.

440. *Die Hunde der Blinden.*
Der Prümer Landbote Nr. 73 (2002), Heft 2, S. 76.

441. *Epigramme.*
Der Prümer Landbote Nr. 73 (2002), Heft 2, S. 76.

442. *An meinen Vater.*
Der Prümer Landbote Nr. 73 (2002), Heft 2, S. 76.

443. *Haarige Botschaft.*
Der Prümer Landbote Nr. 73 (2002), Heft 2, S. 77.

444. *Sprachphilosophische Notiz.*
Der Prümer Landbote Nr. 73 (2002), Heft 2, S. 77.

445. *Meine wahre Heimat.*
Kreisjahrbuch Bernkastel-Wittlich 2003, S. 67.

446. *Homer, korrigiert.*
Kreisjahrbuch Bernkastel-Wittlich 2003, S. 108.

447. *Eifelland, Moselland.*
Kreisjahrbuch Bernkastel-Wittlich 2004, S. 137.

448. *Aus dem Leben der Großväter.*
Kreisjahrbuch Bernkastel-Wittlich 2005, S. 122.

449. *Mein Urgroßvater.*
Kreisjahrbuch Bernkastel-Wittlich 2005, S. 265.

450. *Deutsche Zeiten.*
Kreisjahrbuch Bernkastel-Wittlich 2006, S. 69.

451. *Abendspaziergang im Dorf.*
Kreisjahrbuch Bernkastel-Wittlich 2006, S. 266.

452. *Ich verbrachte meine Kindertage.*
Kreisjahrbuch Bernkastel-Wittlich 2007, S. 50.

453. *Germanisch Weisheet op efelerisch.*
Kreisjahrbuch Bernkastel-Wittlich 2007, S. 164.

454. *Verschwiegenheit.*
Kreisjahrbuch Bernkastel-Wittlich 2007, S. 176.

455. *Deine Wahl.*
Kreisjahrbuch Bernkastel-Wittlich 2008, S. 112.

456. *Alte Weisheit, ins neue Jahrtausend gerettet.*
Kreisjahrbuch Bernkastel-Wittlich 2009, S. 29.

457. *Künstliche Intelligenz II.*
Kreisjahrbuch 2009, S.113.

458. *Künstliche Intelligenz I.*
Kreisjahrbuch Bernkastel-Wittlich 2009, S. 115.

459. *Mein letzter Geburtstag.*
Kreisjahrbuch Bernkastel-Wittlich 2009, S. 117.

460. *Auch dies bleibt.*
Kreisjahrbuch Bernkastel-Wittlich 2009, S. 118.

461. *Die Zeit heilt.*
Kreisjahrbuch Bernkastel-Wittlich 2010, S. 98.

462. *Die geschlachteten Tage.*
Kreisjahrbuch Bernkastel-Wittlich 2010, S. 121.

463. *Prophetisch.*

  Kreisjahrbuch Bernkastel-Wittlich 2010, S. 252.

464. *Einstein und Schrott. Gedicht.*

  Kreisjahrbuch Bernkastel-Wittlich 2012, S. 46.

465. *Jahreslauf.*

  Kreisjahrbuch Bernkastel-Wittlich 2012, S. 290.

466. *Nasslagerplatz.*

  Kreisjahrbuch 2014, S. 218.

467. *Heiliger Geist.*

  Kreisjahrbuch Bernkastel-Wittlich 2016, S. 207.

Kurzbiographische Übersicht

Der Schriftsteller Gregor Brand wurde am 7. Juni 1957 in Bettenfeld/Eifel als Sohn von Robert Brand (1911–1992) und Anna Pütz (1921–1994) geboren und wuchs auf dem elterlichen Bauernhof auf. Mit 17 Jahren Abitur am Regino-Gymnasium in Prüm/Eifel. Nach Jurastudium an der Universität Trier und Referendariat Erwerb der Befähigung zum Richteramt (Rechtsassessor) im April 1983. Von 1983 bis 1985 Wissenschaftlicher Mitarbeiter von Professor Dr. Bernd von Hoffmann am Lehrstuhl für Bürgerliches Recht, Rechtsvergleichung und Internationales Privatrecht an der Universität Trier, anschließend dort Lehrbeauftragter. 1985 Gründung des Gregor Brand Verlages. Seit 1987 als Hausmann Erziehung zweier Töchter. 1994 Umzug nach Schleswig-Holstein. Arbeitet dort als freier Autor, Lektor und Privatlehrer.

Eine ausführliche autobiografische Darstellung der Kinder- und Jugendjahre von Gregor Brand enthält das Buch von Ulrike Siegel (Hrsg.): „Kein Rindvieh – bloß kein Rindvieh". Persönlichkeiten unserer Zeit erinnern sich an ihre ländlichen Wurzeln (Münster 2007).